ABENTEUER VERGANGENHEIT

DIE ÄGYPTER

Spannende Geschichte für Kids

von Jane Chisholm und Struan Reid
Mit Illustrationen von Sue Stitt

Inhalt

Wer baute die Pyramiden?

Zehntausende von einfachen Arbeitern errichteten unter Aufsicht von Architekten, Ingenieuren und sonstigen Fachleuten die Pyramiden. Jedes Jahr mussten sie – als eine Art Steuer – ein paar Monate mitarbeiten.

Stufenpyramide

Wie alt sind die Pyramiden?

Uralt! Sie entstanden vor fast 5000 Jahren. Heute sind noch etwa dreißig erhalten – manche davon in erstaunlich gutem Zustand.

Wo sind sie?

In Ägypten, westlich des Nils, Ägyptens großem Fluss.

Mittelmeer

Das Nildelta ist sehr fruchtbar und schlammig.

Burganlagen an den ägyptischen Grenzen sollten das Land vor Angriffen schützen.

Große Pyramide und Sphinx

Im Steinbruch wurden Steine für die Pyramiden gebrochen.

Rotes Meer

Memphis war zur Zeit des Alten Reiches die Hauptstadt Ägyptens.

In Ägypten reiste man hauptsächlich per Schiff. Verschiedene ägyptische Boote und Schiffe findest du auf Seite 20 und 21.

Fast alle Menschen lebten als Bauern im fruchtbaren Landstreifen am Nil. Der riesige Fluss durchzieht das ganze Land.

Weiter vom Nil entfernt gibt es nur Wüste. Die Ägypter nennen diese Regionen rotes Land.

Von hier wurden Handelsschiffe ausgeschickt. Sie waren unterwegs in das Reich Punt in Ostafrika.

Die westliche Grenze wurde von einer Art Wüstenpolizei (Medjay) mit riesigen Hunden kontrolliert.

Theben wurde zur Zeit des Neuen Reiches die Hauptstadt Ägyptens.

Südlich von Ägypten lagen Nubien und Kush. Lange Zeit wurden diese beiden Reiche von Ägypten beherrscht.

Hier liegt das sogenannte Tal der Könige. Als man keine Pyramiden mehr baute, wurden die Könige hier begraben. Mehr darüber findest du auf Seite 8/9.

Der Nil ist ein enorm langer Fluss. Er entspringt in Ostafrika zwischen Bergen und Seen.

Einige Menschen lebten auch in Oasen in der Wüste. Das sind kleine grüne Stellen mit Wasser und ein paar Palmen. Die Bewohner handelten mit Salz, Vieh und Kunsthandwerk.

In dieser Gegend gab es Goldminen.

Dies ist die Pyramide des Pharaos Chephren.

Dies ist die größte Pyramide. Sie war für Chephrens Vater Cheops errichtet worden.

Das Schiff des Pharaos wird hier begraben.

Kleinere Grabkammern für wichtige Persönlichkeiten und Adlige nennt man Mastaba.

Totentempel: Jeden Tag kommt ein Priester hierher und bringt dem Geist des toten Pharaos zu essen und zu trinken.

Der Weg verbindet den Tempel im Tal mit dem Totentempel.

Kleinere Pyramiden waren für die Königen und die anderen Frauen des Pharaos gedacht.

Diese Statue heißt Sphinx. Mehr über sie findest du auf Seite 5.

Wozu brauchte man die Pyramiden?

In ihnen wurden die ägyptischen Könige begraben. Die Könige hießen Pharaonen.

Tempel im Tal: Hierher wird der Leichnam des Pharaos mit dem Schiff gebracht.

Wie lange gab es die altägyptische Kultur?

Sehr lange: etwa 3000 Jahre. Die Archäologen unterteilen die Epoche in drei Abschnitte. Diese nennen sie das Alte, Mittlere und Neue Reich.

Bauten sie immer Pyramiden?

Nein. Nur etwa tausend Jahre lang im Alten und Mittleren Reich entstanden die riesigen Bauwerke. Am besten wissen die Archäologen aber über das Neue Reich Bescheid. Deshalb erfährst du in diesem Buch auch viel über diese spätere Zeit.

Das Totenschiff bringt gerade die Leiche des toten Chephren heran.

3

Warum sind die Pyramiden pyramidenförmig?

Gute Frage. Niemand weiß wirklich die Antwort. Die ersten Pyramiden waren in vielen Stufen gebaut. Vielleicht sollten sie eine riesige Treppe darstellen, auf der der tote Pharao in den Himmel kletterte. Die späteren Pyramiden hatten glatte Seiten. Ihre Form erinnert an die Strahlen der Sonne. Der ägyptischen Sonnengott Re (auch Ra) gehörte zu den wichtigsten Gottheiten.

Über die lange Rampe werden die riesigen Steinblöcke auf die Baustelle gezogen.

Unter die Zugschlitten kommen runde Baumstämme. So lassen sich die Steine besser rollen.

Der oberste Verwalter des Pharaos war der Wesir. Hier kommt er gerade vorbei, um die Baufortschritte zu besichtigen. Er ist sehr ungeduldig.

Zelt des Aufsehers

Die Arbeiter hoffen, dass er mit ihrer Arbeit zufrieden ist.

Wesir des Pharao

Siehst du die störende Fliege?

Zimmerleute

Wie groß waren sie?

Unterschiedlich. Die Cheopspyramide ist so hoch wie manche Wolkenkratzer. Mit 146 m Höhe ist sie das größte jemals errichtete Steingebäude. Mehr als zwei Millionen Steinblöcke wurden verbaut.

Waren sie als Grabstätten nicht zu groß?

Die Ägypter fanden das nicht. Sie hielten die Pharaonen für so wichtig, dass sie von allem das beste und größte haben sollten. Außerdem: Je höher die Pyramide war, desto näher reichte sie an den Himmel.

Wie wurden sie gebaut?

Die Steinblöcke wurden über riesige schräge Erdrampen nach oben gezogen. Die Experten streiten sich, wie diese genau aussahen. Wahrscheinlich wurden die Rampen für jede neue Steinschicht verlängert und erhöht.

4

Für die nächste Schicht muss die Rampe gleichzeitig höher und länger gemacht werden. Dabei wird sie nicht steiler.

Je zehn Männer arbeiten unter der Aufsicht eines Vormanns in einer Gruppe.

Hier werden neue Zugschlitten hergestellt.

Schlägel

Bohrer

Hier siehst du einige der Werkzeuge, mit denen die Steine geschnitten und behauen wurden.

Lot

Meißel

Säge

Wie lange dauerte das Bauen?

Sehr lange. Die Cheopspyramide war wohl erst nach zwanzig Jahren fertig. Der Pharao muss sie schon lange vor seinem Tod geplant haben.

Riesige Kalksteinblöcke werden von den Steinbrüchen in der Nähe herbei gebracht.

Zuerst werden sie für den Transport auf Zugschlitten gestemmt.

Hier werden Werkzeuge repariert und wieder in Form gebracht.

Die Arbeiter leiden sehr unter der Hitze. Hoffentlich entdeckt der Aufseher sie nicht!

Körbe mit Sand

Geheimnisvolle Sphinx

In der Nähe der Cheopspyramide gibt es eine riesige Statue des Pharaos in Gestalt eines Löwen. Lange dachte man, dass darin Geheimnisse versteckt sein müssten. Man vermutete

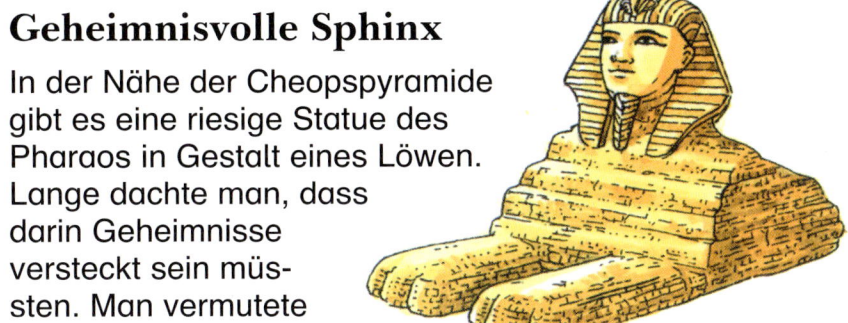

im Inneren Kammern mit antiken Schriften, Weisheiten oder Zaubermitteln. Heute wissen wir, dass die Figur vollständig aus massivem Stein besteht.

Was war in der Pyramide?

Gemessen an ihrer Größe nicht viel! Fast der ganze Bau besteht aus massivem Stein mit ein paar engen Gängen. Die Pharaonen wurden mit allen möglichen Schätzen begraben. Doch das meiste ist schon vor langer Zeit gestohlen worden.

Was ist eine Mumie?

Manche Leichen wurden einbalsamiert. Dadurch sind sie selbst nach Jahrtausenden noch erhalten. Die Ägypter glaubten, ein einbalsamierter Toter könnte in einer anderen Welt weiterleben.

Womit wurden die Leichen einbalsamiert?

Man erfand Methoden, die die Leiche vollständig austrockneten. Auf den Bildern rechts siehst du genau, wie es gemacht wurde.

Auf der Skizze siehst du, wie die Leichen einbalsamiert und als Mumien hergerichtet wurden. Im Hintergrund ist ein Schnitt durch die Cheopspyramide abgebildet.

1. Zuerst wurden die inneren Organe wie Herz und Lunge entfernt und in spezielle Urnen gelegt – die sogenannten Kanopen.

Kanopen-Gefäße

Natron

2. Dann bedeckten die Helfer den ganzen Körper mit Natron, um ihn auszutrocknen. Das ist eine Art Salz. Nach mehreren Tagen wurde das Innere mit Leinen, Holzspänen, Natron sowie duftenden Kräutern und Gewürzen gefüllt.

Grabkammer

Zugang

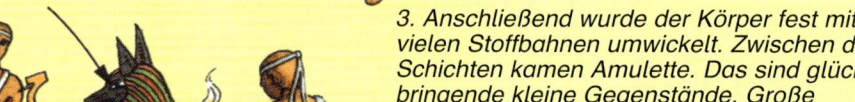

3. Anschließend wurde der Körper fest mit vielen Stoffbahnen umwickelt. Zwischen die Schichten kamen Amulette. Das sind glückbringende kleine Gegenstände. Große Mengen von Stoff wurden verbraucht.

4. Zum Schluss kam der Priester und sprach Gebete. Auf dem Kopf trug er die Maske eines Schakals. Dieses Tier symbolisierte den Totengott Anubis.

Anubis-Maske

Mumien des Neuen Reiches wurden in zwei bis drei menschenähnlich geformte Särge gesteckt, wie hier zu sehen ist. Diese wiederum kamen in einen schweren Steinsarg, den sogenannten Sarkophag.

Die Figuren waren mit den Symbolen von Gottheiten und Schriftzeichen (Hieroglyphen) reich bemalt.

Äußerer Sarg

Innerer Sarg

Kopfmaske

Umwickelter Körper

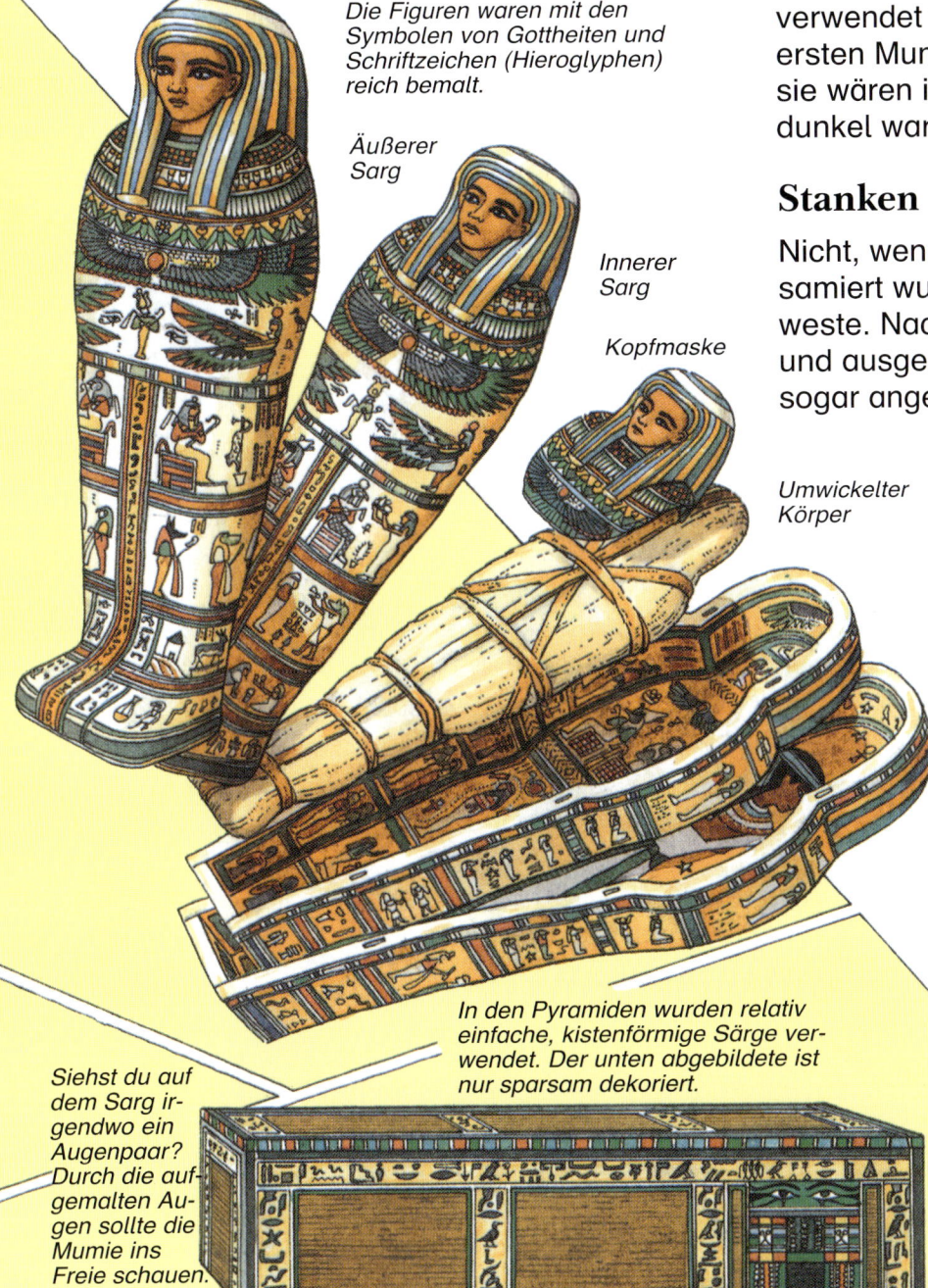

In den Pyramiden wurden relativ einfache, kistenförmige Särge verwendet. Der unten abgebildete ist nur sparsam dekoriert.

Siehst du auf dem Sarg irgendwo ein Augenpaar? Durch die aufgemalten Augen sollte die Mumie ins Freie schauen.

Was bedeutet der Name Mumie?

Das Wort kommt von „mumiyah", dem arabischen Wort für Bitumen. Das ist eine Art Teer, wie er heute für Straßen verwendet wird. Als die Archäologen die ersten Mumien entdeckten, glaubten sie, sie wären in Teer getaucht, weil sie so dunkel waren.

Stanken die Mumien nicht?

Nicht, wenn sie schnell genug einbalsamiert wurden, bevor der Körper verweste. Nachdem alles ganz getrocknet und ausgestopft war, muss die Mumie sogar angenehm geduftet haben!

Wurden auch einfache Leute mumifiziert?

Nein. Das Verfahren war sehr teuer. Nur die königliche Familie und hohe Beamte wurden als Mumien erhalten. Daneben haben die Archäologen viele Tiermumien gefunden. Man balsamierte Tierarten, die als Gottheiten verehrt wurden. Dazu gehörten Katzen, Hunde, Vögel, Äffchen und sogar Krokodile.

Katzenmumie

Warum wurden später keine Pyramiden mehr gebaut?

Wir wissen es nicht genau. Vielleicht waren die Pyramiden so groß, dass sie zu viele Diebe von nah und fern anlockten. Der Bau war außerdem extrem aufwändig und erforderte Massen von Arbeitern.

Wurden alle Pyramiden ausgeraubt?

Fast alle. Nach tausend Jahren waren die meisten Mumien und Schätze gestohlen. Die Pyramidenbauer ließen sich viele Tricks einfallen, um Grabräuber zu täuschen, doch nichts half.

Wo wurden die späteren Pharaonen begraben?

In Grabkammern, die tief in die Felsen eines entlegenen Wüstentales gegraben wurden: im Tal der Könige. Aber selbst diese versteckten und gut bewachten Begräbnisstätten wurden schließlich ausgeraubt. Siehst du die drei Räuber in ihrem Versteck?

Hier ist eine Begräbnisprozession zum Tal der Könige zu sehen.

In der Kiste werden die Kanopen mitgeführt. Was das ist, siehst du auf Seite 6.

Die Soldaten sollen eigentlich den Trauerzug schützen. Statt dessen streiten sie.

Sarkophag des Pharaos

Der Oberpriester fährt im Totenschiff mit und verbrennt Räucherstoffe. Der Rauch duftet gut und trägt die Gebete in den Himmel.

Die Frauen sind Priesterinnen. Beim Begräbnis weinen und klagen sie.

Die Königin mit ihren beiden Kindern. Der Junge wird der neue Pharao.

Wie sahen die Grabkammern innen aus?

Sie waren unvorstellbar reich dekoriert. Die Räume waren voll von Schätzen aus Gold und Edelsteinen, Kleidung, Möbeln, Gefäßen, Kochgeschirr, Statuen, Gemälden, Schriftstücken und sogar Büchern. Wände und Decken waren bunt bemalt.

*Kampf-
wagen
des
Pharaos*

*Der Mann hat eine
wertvolle Kiste
fallen lassen.
Hoffentlich wird er
nicht bestraft!*

*Nahrung, Möbel, Schätze und Juwelen
kommen ebenfalls mit in die Grabkammer.*

*Eine
Klapper-
schlange
macht die
Pferde
scheu.*

Woher wissen wir so viel über die alten Ägypter?

Archäologen haben vieles in den Grabkammern gefunden. Im trockenen, hei-
ßen Wüstenklima verrotteten manche
Gegenstände nicht und blieben erhalten.

*Hier sind nur
ein paar von
den Dingen ab-
gebildet, die die
Archäologen in
der Grabkammer
des jungen Pha-
raos Tutencha-
mun gefunden
haben.*

Gibt es wirklich den Fluch der Mumie?

Nein, natürlich nicht. Das
Gerede kam auf, als vor über
siebzig Jahren das Grab
Tutenchamuns entdeckt wurde.
Lord Carnarvon, einer der
Expeditionsleiter, starb

plötzlich nach einem
Moskitostich an Blutvergiftung.
Die Gerüchteküche machte
daraus einen Fluch: Angeblich
wollte der wütende Pharao
sich an den Archäologen rä-
chen, die seine Ruhe störten.

9

Wer herrschte über Ägypten?

Die Könige oder Pharaonen. Sie waren so wichtig, dass die einfachen Leute sie wie Götter verehrten. Jeder Pharao stammte angeblich vom Sonnengott Re ab – dem allerersten Herrscher Ägyptens.

War der Pharao reich?

Unvorstellbar. Ägypten war ein reiches Land. Alles gehörte dem Pharao persönlich. Er hatte nicht nur einen, sondern gleich etliche Paläste. Zwischen ihnen zog er hin und her.

Pharao

Königin

Schreiber (Mehr über ihn findest du auf Seite 30.)

Der Fächer ist aus den besten Straußenfedern angefertigt.

Wachen

Kupfer, Öl und Wein werden dem Pharao als Geschenke gebracht.

Die beiden Männer in langen Gewändern sind Wesire. Sie sind die wichtigsten Verwalter im Reich.

Wie alle Besucher verneigen sich die syrischen Gäste tief vor dem Pharao.

Die Gewänder des Pharaos

Der König trug wallende Kleider und reichen Schmuck. Außerdem besaß er mehrere Kronen. Meist hatte er einen juwelenverzierten Kopfschmuck auf, der einen Geier und eine Klapperschlange zeigte. Zu besonderen Gelegenheiten trug er die Doppelkrone (zwei ineinander gestellte Kronen).

Kopf-schmuck

Doppel-krone

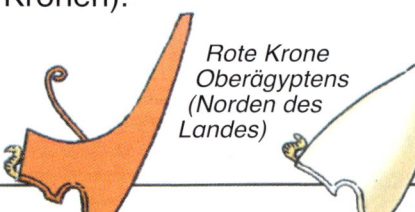

Rote Krone Oberägyptens (Norden des Landes)

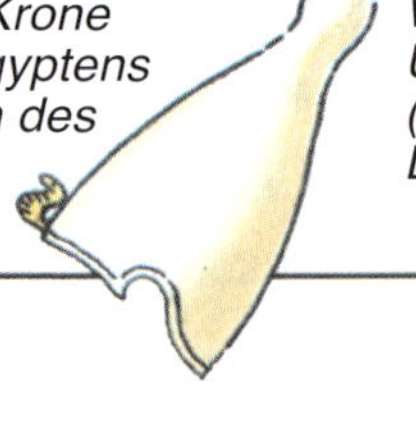

Weiße Krone Unterägyptens (Süden des Landes)

Saß er den ganzen Tag auf dem Thron?

Nein. Dazu war er zu beschäftigt. Er musste sich um Verwaltung, Gesetze, Handel und die Beziehungen zu anderen Ländern kümmern. Außerdem war er oberster Priester und Feldherr.

Hier lässt sich der Pharao die Baufortschritte an einer neuen Statue zeigen.

Die Wandgemälde zeigen Szenen aus dem ägyptischen Alltagsleben.

Der Soldat links bemerkt gerade eine Maus.

Reich mit Hieroglyphen (ägyptischer Schrift) verzierte Säule

Hatte der Pharao viele Frauen?

Ja, aber nur eine Königin. Sie war meist die älteste Tochter des vorigen Königspaares.

Heißt das, dass er seine Schwester heiratete?

Ja. Oder eine Halbschwester. Die Ägypter fanden das nicht seltsam. Sie glaubten, dass die Königin wie der Pharao selbst direkt vom Sonnengott Re abstamme. Sie musste also aus derselben Familie wie der Pharao kommen.

Gäste aus Nubien (Land südlich von Ägypten) bringen Straußeneier und Gold als Gastgeschenke.

Das Äffchen interessiert sich nicht für den Pharao.

Konnten Frauen Pharao werden?

Normalerweise nicht. Wenn ein kleiner Junge Pharao wurde, durfte die Mutter in seinem Namen regieren. Nur einmal nannte sich eine Königin tatsächlich Pharao. Sie hieß Hatschepsut und regierte das Land viele Jahre mit glücklicher Hand.

Hatschepsut in ihrem Streitwagen

11

Wo lebten die Ägypter?

In Dörfern an den Ufern des Nils.
Nur sehr wenige wohnten anderswo.

Warum nicht?

Weil der Rest von Ägypten nur heiße,
staubige Wüste war. Der Nil gab Wasser
zum Trinken und Waschen. Seine Über-
schwemmungen machten das Land
fruchtbar. Die Bauern
konnten gut leben.

Wurden ihre Hütten dabei auch überflutet?

Nicht, wenn sie weit genug vom Fluss
lagen. Die meisten standen nicht direkt am
Ufer und leicht erhöht. War die Flut aber
höher als normalerweise, konnten Tiere,
Menschen und ganze Dörfer wegge-
schwemmt werden.

Dorf am Nilufer

Ein kaltes Getränk ist schön erfrischend!

Bei der letzten Flut wurde die Hütte stark beschädigt.

Der Bauer kann in der Hitze kaum noch arbeiten.

Fischerboote

Die Sicheln haben Feuersteinklingen

Kinder sammeln verlore-ne Getreidekörner auf.

Endlich kommt das Mittagessen!

Ziehbrunnen aus Stange und Eimer. Das Wasser wird für die Felder gebraucht.

Der Flötenspieler unter-hält die Erntearbeiter.

Auch der Hund hat etwas von der Mahlzeit stibitzt.

Wie oft überflutete der Nil?

Jeden Frühling, wenn Regen und ge-
schmolzener Schnee aus den Bergen
Äthiopiens den Fluss anschwellen ließen.
Er war dann so voll, dass er über die Ufer
trat. Nach ein paar Wochen zog das Wasser ab, zurück blieb fruchtbare neue Erde.

Was baute man an?

Alles mögliche: Melonen, Granatäpfel,
Trauben, Datteln, Feigen, Bohnen, Erbsen,
Zwiebeln, Lauch, Salat und Gurken. Am
wichtigsten waren Weizen und Gerste für
Brot und Bier. Für Leinenkleider baute man
Flachs an.

12

Hatten die Bauern Traktoren?

Nein. Starke Ochsen mussten die Pflüge durch den Boden ziehen. Esel trugen die Lasten.

Hielten sie schon Tiere?

Ja, alle möglichen Arten. Die Ägypter kannten Kühe, Schafe, Ziegen, Schweine, Gänse, Enten und Tauben als Haustiere.

Die besten Felder liegen direkt am Flussufer.

Siehst du das Äffchen? Es stiehlt die Datteln nicht etwa, sondern ist speziell dazu abgerichtet, sie für die Menschen vom Baum zu holen.

Zwischen den Feldern haben die Bauern Rinnen und Kanäle angelegt. So leiten sie das Wasser auch auf entferntere Flächen.

Getreidespeicher

Der Mann hat beim Mittagessen etwas zu viel Bier erwischt.

Ein störrischer Esel

Die Kühe müssen auf das Getreide trampeln, um es zu dreschen: Dabei werden die Körner von Halmen und Spreu getrennt.

Hier wird Getreide in die Luft geworfen: Staub und Spelzen fliegen im leichten Wind davor. Nur die Körner bleiben übrig.

Was machten sie nach der Ernte?

Sie bereiteten die nächste vor: Die Wassergräben mussten oft ausgebessert werden. Nebenbei mussten viele Bauern an den Bauprojekten des Pharaos mitmachen – etwa bei den großen Pyramiden.

13

Wie sahen ägyptische Häuser aus?

Das hing vom Reichtum der Bewohner ab. Alle Häuser bestanden aus Lehmziegeln mit Holzdächern, die mit Lehm und Palmblättern abgedichtet wurden. Die meisten hatten nur ein bis zwei Zimmer. Nur die Reichen besaßen große, kühle, schön bemalte Villen mit Gärten und Wasserbecken.

Hier leben die Diener.

Der Pferdestall liegt hinten.

Weinstöcke

Weinpresse

Getreidespeicher

Schlafräume

Diese riesige Villa gehört einem mächtigen Herrn. Ihn selbst siehst du in der Empfangshalle. Gerade bekommt er Besuch.

Empfangshalle

Hier wohnt der Torhüter. Unerwünschte Besucher lässt er nicht herein.

Die Äffchen helfen den Leuten bei der Dattelernte. Natürlich naschen sie dabei auch selber.

Das Mädchen bringt ein Opfer für die Götter in den Schrein. Das ist eine Art kleiner privater Tempel.

Wie hielten sie die Häuser kühl?

Meist waren die Wände sehr dick und hatten nur kleine, hohe Fenster. So blieb die Sonne draußen. Auch die Dächer hatten oft Belüftungslöcher.

14

Was für Möbel gab es?

Wenige. Selbst die Reichen hatten nicht viele. Sie saßen auf Stühlen. Sessel gab es kaum. Truhen dienten als Schränke.

Der Stuhl ist aus Ebenholz (einer wertvollen pechschwarzen Holzart) geschnitzt und mit Gold und Elfenbein verziert.

Bemalte Holztruhe

Einfacher Holztisch

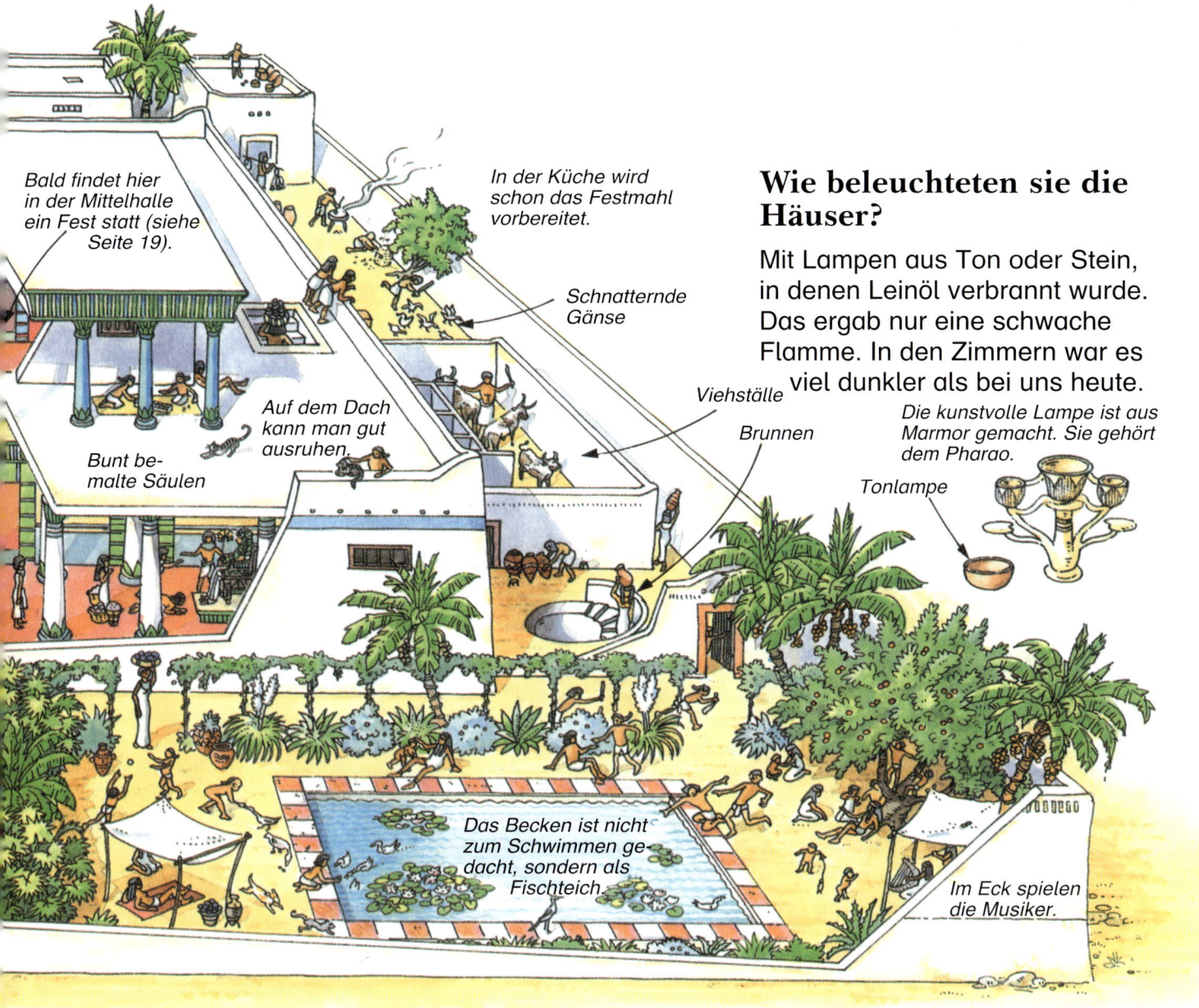

Bald findet hier in der Mittelhalle ein Fest statt (siehe Seite 19).

In der Küche wird schon das Festmahl vorbereitet.

Schnatternde Gänse

Auf dem Dach kann man gut ausruhen.

Bunt bemalte Säulen

Viehställe

Brunnen

Tonlampe

Das Becken ist nicht zum Schwimmen gedacht, sondern als Fischteich.

Im Eck spielen die Musiker.

Wie beleuchteten sie die Häuser?

Mit Lampen aus Ton oder Stein, in denen Leinöl verbrannt wurde. Das ergab nur eine schwache Flamme. In den Zimmern war es viel dunkler als bei uns heute.

Die kunstvolle Lampe ist aus Marmor gemacht. Sie gehört dem Pharao.

Kannten sie schon Badezimmer?

Nicht in der heutigen Form. Doch die Ägypter legten Wert darauf, sauber und gepflegt zu sein. Sie wuschen sich regelmäßig im Nil. In Villen wie der oben gezeigten gab es sogar einen Raum mit Steinwänden, in dem ein Diener Wasser über die Badenden goss – eine Art frühe Dusche also.

Harte Nacken

Der steinerne Gegenstand sieht nicht sehr bequem aus. Die Ägypter verwendeten aber tatsächlich solche Nackenstützen statt Kopfkissen. Offenbar schliefen sie gut darauf.

Wie kleideten sie sich?

Die meisten Leute schwitzten ständig und interessierten sich nicht sehr für Kleidung. Nur die Reichen kleideten sich teuer und aufwändig. Anders als heute blieb die Mode aber etwa tausend Jahre lang fast gleich.

Zu besonderen Anlässen wurde das Haar in kunstvolle Wellen gelegt.

Lange Röcke wie dieser hier wurden von alten Männern und wichtigen Persönlichkeiten getragen.

Typische Kleidung der Menschen im Alten und Mittleren Reich

Leinenkleid mit Trägern

Modischer Lendenschurz

Sandalen

Hinten hat der Friseur dem Jungen einen langen Pferdeschwanz gelassen.

Männer trugen einen Lendenschurz, der vorne verknotet wurde.

Die Frau führt ihr bestes Kleid vor. Es ist mit hunderten von blitzenden Glasperlen verziert.

Welche Moden gab es?

Kleider und Röcke wurden lockerer und weiter. Die Haare wurden länger und mit vielen Zöpfen und Locken verziert.

Oft rasierten sich Kinder und Erwachsene den Kopf kahl, damit es kühler war.

Kleidung wie rechts zu sehen trug man im Neuen Reich.

Weiter Umhang

Weites Faltenkleid mit einem engen Gürtel

Tunika über einem Rock

Woraus wurden die Kleider gemacht?

Aus Leinen oder Flachs. Die langen Pflanzenfasern spann man zu Fäden und verwebte sie zu Stoff. Manchmal wurden die Stoffe sogar gefärbt und gemustert.

16

Wo wuschen sie Wäsche?

Natürlich im Nil! Sie schlugen die Kleider gegen Steine, um den Schmutz zu lösen. Es gab noch keine Bügeleisen. Zum Trocknen wurden die Stoffe wohl einfach in der Sonne ausgebreitet.

Zuerst wurde auf liegenden, später auf stehenden Webstühlen gewebt.

Hatten sie auch Schmuck?

Ja. Wirklich jeder trug Schmuck, egal ob Mann oder Frau, arm oder reich. Es gab Stücke aus Gold, Silber, Keramik, Fayence (bunt glasiertem Ton) und Halbedelsteinen wie Türkis und Lapislazuli.

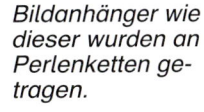

Ringe

Perlenhalsband

Krone

Armring

Bildanhänger wie dieser wurden an Perlenketten getragen.

Armschmuck

Armreif

Ohrgehänge

Verwendeten sie Parfüm?

Ja, in ziemlichen Mengen. Duftstoffe gewannen sie aus Blumen und Dufthölzern, die sie in Öl einlegten. Sie rieben die Haut ganz damit ein, damit sie nicht austrocknete.

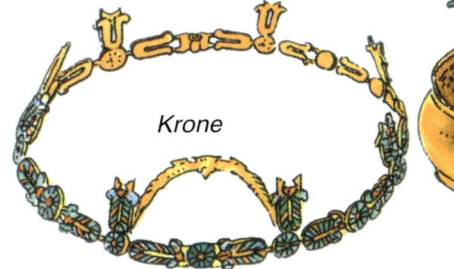

Spiegel aus poliertem Metall

Schminkdose

Schminktöpfe mit Kol

Kamm

Schöne Schminke

Männer und Frauen umrandeten ihre Augen dick mit einem dunkelgrünen oder schwarzen Stoff namens Kol. Das sah nicht nur gut aus, es hielt auch die Fliegen ab. Auch roten Ocker (Erd-Pulver) schmierten sie auf Wangen und Lippen, um sie roter zu machen. Mit Schminkfarben kannst du dich selber in einen alten Ägypter verwandeln!

Was aßen die Ägypter?

Ihr Essen war sehr lecker. Die Bauern lieferten verschiedenste Früchte und Gemüse, Fleisch, Milch und Käse. Man jagte Wildtiere und Vögel und ging fischen.

Was schmeckte ihnen am besten?

Wahrscheinlich Süßigkeiten wie Kuchen, Gebäck und Obst. Dazu tranken sie reichlich Gerstenbier und Obstwein. Es gab mindestens zwölf Biersorten, die teuerste davon kam aus Syrien.

Wie kochten sie?

Meist im Freien. In den Häusern war es zu gefährlich. Für das Feuer verwendeten sie Äste, trockenes Gras und Tierdung.

Wie wurden Nahrungsmittel gekühlt?

Gar nicht! Kühlschränke gab es noch nicht. Es war das ganze Jahr ziemlich heiß. Also musste man alles schnell verbrauchen, bevor es schlecht wurde.

Woher wissen wir, was sie aßen?

Reste von Nahrungsmitteln wurden in Gräbern gefunden. Nach 3000 Jahren ist das alles natürlich ziemlich verschrumpelt, doch Archäologen können erkennen, was es einmal war. Auch auf Wandgemälden sind viele Speisen und Getränke abgebildet.

Unten auf dem Bild wird das Essen für ein großes Fest zubereitet.

Das Äffchen lässt sich saftige Granatäpfel schmecken.

Der Saft tropft gleich dem Jungen auf den Kopf.

Die Ziege stibitzt etwas von dem Salat.

Das Fest findet in der Villa statt, die du auf Seite 14 und 15 kennengelernt hast. Viele Gäste sind eingeladen.

Dieser Besucher hält sich etwas abseits. Leider spricht er nicht viel Ägyptisch. Da fällt die Unterhaltung schwer.

Die Lotusblüten verbreiten einen guten Duft.

Mit dem Fächer wird das Feuer in Schwung gehalten.

Ratten-nest

Gegrillte Fische

Die Gans wird am Drehspieß geröstet.

Teigkneten

Aufgeregte Gans

Ton-ziegel-ofen

Wenn die Brotfladen gar sind, fallen sie einfach von der Wand.

18 *Auch dem Hund schmeckt frisches Brot.*

Immer wieder wird Nachschub aus der Küche gebracht.

Der Hund interessiert sich für die gefüllte Gans.

Der kleine Junge darf noch nicht am Fest teilnehmen. Er wird ins Bett gebracht.

Alles wird mit den Fingern gegessen.

Siehst du auf dem Bild die Harfenspielerin?

Gastgeber und Gastgeberin haben sich bequem auf einem erhöhten Podest niedergelassen.

Tänzer

Lyraspielerin

Flötenspieler

Gast aus Nubien

Auch die Haustiere bekommen gelegentlich etwas ab.

Urnen mit Granatapfelwein

Der Gast aus Syrien weiß interessante Neuigkeiten...

Die Äffchen möchten mit der Gans spielen, die als Haustier gehalten wird. Sie scheint aber etwas hochnäsig zu sein.

Gab es auch Feste?

Ja. Alles wurde wunderbar hergerichtet. Schüsseln mit leckerem Essen und Wein gehörten ebenso dazu wie Musiker, Artisten und Tänzer. Die Gäste trugen ihre besten und schönsten Kleider und reichlich Schmuck.

Coole Kegel

Diener befestigten auf den Köpfen der Gäste Kegel aus duftendem Fett. Das Fett schmolz und lief über das Gesicht herunter. Das hört sich etwas schmierig an, doch wahrscheinlich war es sehr erfrischend. Siehst du oben im Bild weitere Leute mit Duftkegeln?

19

Wie reisten die Ägypter?

Natürlich mit Schiffen! Der Nil lief als große Wasserstraße durchs ganze Land. Alle möglichen Boote fuhren darauf. Straßen gab es kaum.

Warum nicht?

Straßen hätten in Ägypten keinen Sinn gehabt: Jedes Jahr bei der großen Überschwemmung wären sie völlig im Schlamm begraben oder sogar weggerissen worden.

Die Barke transportiert eine riesige Steinsäule, einen Obelisk. Er soll an einem neuen Tempel flussabwärts aufgestellt werden. Auf Seite 27 siehst du ihn.

Was für Schiffe gab es?

Auf dem Bild siehst du die unterschiedlichsten Bauformen: einfache Fischerboote, Begräbnisbarken, Luxusschiffe für die Familie des Pharaos, Passagierfähren (die meist überladen waren) und große Frachtkähne zum Transport von Steinblöcken für die Pyramiden und sonstige Lasten.

Der Wind weht in Ägypten meist von Norden. Die Schiffe mit geblähten Segeln fahren folglich nach Süden. Nach Norden reisende Boote wurden nicht durch den Wind getrieben und mussten mühsam gerudert werden.

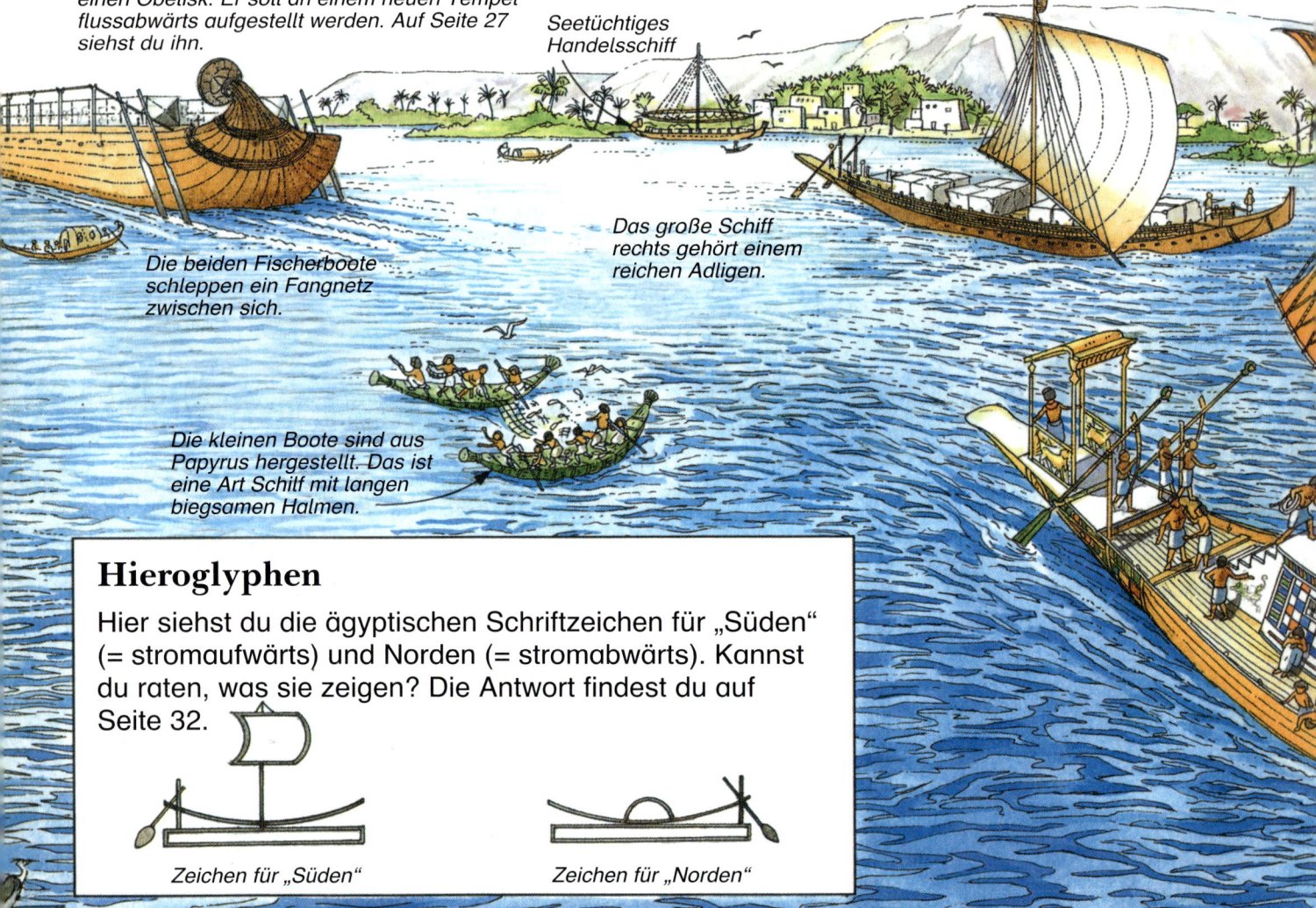

Seetüchtiges Handelsschiff

Die beiden Fischerboote schleppen ein Fangnetz zwischen sich.

Das große Schiff rechts gehört einem reichen Adligen.

Die kleinen Boote sind aus Papyrus hergestellt. Das ist eine Art Schilf mit langen biegsamen Halmen.

Hieroglyphen

Hier siehst du die ägyptischen Schriftzeichen für „Süden" (= stromaufwärts) und Norden (= stromabwärts). Kannst du raten, was sie zeigen? Die Antwort findest du auf Seite 32.

Zeichen für „Süden"

Zeichen für „Norden"

Wie weit segelten die Schiffe?

Handelsschiffe fuhren zu den Häfen im östlichen Mittelmeer und Roten Meer. Manche kamen bis nach Punt in Ostafrika. Dort suchte man die wertvollen Myrrhe-Bäume, aus denen Weihrauch gemacht wurde.

Ägyptische Expedition in das Land Punt

Myrrhe-Baum

Wie reiste man über Land?

Die meisten Leute gingen zu Fuß. Reiche ließen sich in bequemen Sänften tragen. Händler luden ihre Waren auf Lastesel.

Hatten sie keine Pferde?

In den ersten 1500 Jahren nicht. Auch später besaßen nur sehr reiche Leute Pferde.

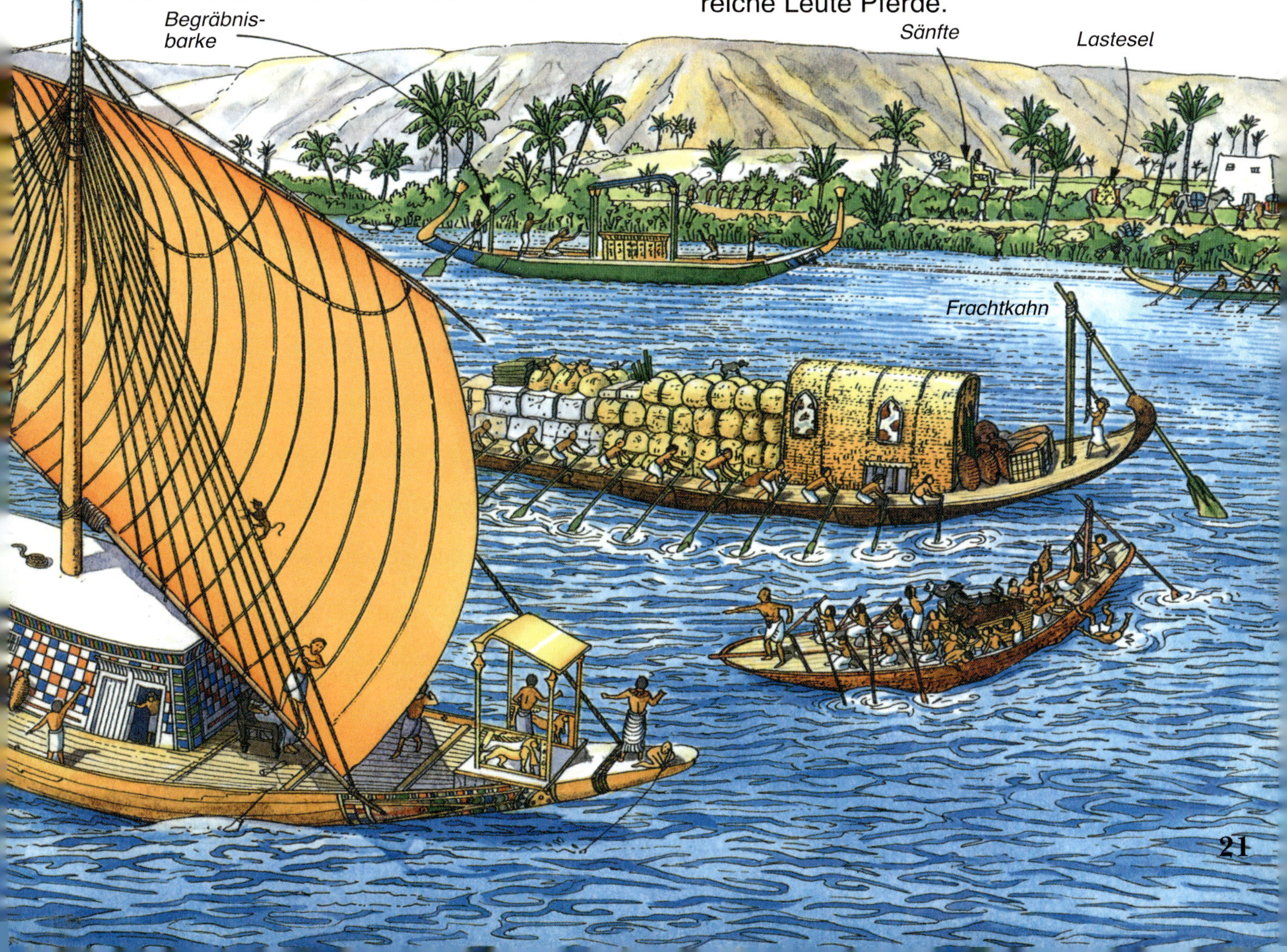

Begräbnis-barke

Sänfte

Lastesel

Frachtkahn

21

Was machten sie in der Freizeit?

Sie hatten alle möglichen Vergnügungen. Theater oder Fernsehen gab es noch nicht. Doch sie schauten gern bei den Prozessionen des Pharaos und bei religiösen Festen zu. Sehr beliebt waren auch Angeln und Jagd. Am liebsten verbrachten die Familien einen erholsamen Tag am Fluss mit Picknick.

Kräftemessen: Beide Mannschaften ziehen so stark sie können.

Die Äffchen fressen Datteln.

Was für Sportarten hatten sie?

Neben Jagen und Fischen maßen sie ihre Kräfte gern in Fecht- und Ringkämpfen und anderen Wettspielen.

Die beiden Männer rechts im Bild jagen Nilpferde. Das ist sehr gefährlich. Meist gingen mehrere Jäger mit Speeren auf ein einziges Tier los. Mit Netzen und Seilen brachten sie es an Land. Die beiden hier sind entweder sehr tapfer oder leicht verrückt.

Welche Spiele kannten sie?

Es gab verschiedene Brettspiele. Wir wissen allerdings nicht genau, wie sie gespielt wurden. Zur Unterhaltung im Haus wurde außerdem getanzt und gesungen. Oft wurden Geschichten erzählt.

Hund und Schakal

Senet

22

Was für Spielzeug hatten die Kinder?

Sie kannten Bälle, Kreisel, Puppen und Holztiere auf Rädern. Manche Spielsachen hatten sogar bewegliche Teile – etwa ein Hund, der sein Maul öffnen konnte.

An einem Griff lässt sich die Hundeschnauze öffnen.

Nilpferd aus glasiertem Ton

Lederbälle

Machten sie auch Musik?

Ja. Es gab noch keine Radios und Plattenspieler. Alles war live. Sogar ein paar Liedertexte sind erhalten. Doch niemand weiß, zu welchen Melodien sie gesungen wurden.

Was für Musikinstrumente gab es in Ägypten?

Viele verschiedene. Man kannte schon Blasinstrumente wie Pfeifen und Flöten und Saiteninstrumente wie Laute, Harfe und Lyra. Außerdem gab es Trommeln, Kastagnetten und andere Schlaginstrumente.

Laute

Kastagnetten

Harfe

Fremde Schiffe umkippen ist ein beliebter Sport.

Die schattige Stelle ist ideal fürs Picknick.

Schwimmen im Nil ist eine gute Art der Abkühlung.

Papyruspflanzen

Manche Leute nehmen ihre Hauskatze zur Jagd mit. Sie scheucht die Vögel aus dem Schilf auf.

Die Boote sind aus Papyrus gemacht.

Ob die Katze wohl gern schwimmt?

23

Glaubten die Ägypter an  Gott?

Nicht an einen Gott, sondern an viele verschiedene Gottheiten. Die Menschen waren sehr religiös. Sie machten tausende von Statuen und bauten Tempel, die vollständig mit Götterbildern bemalt waren.

Was für Götter hatten sie?

Sehr unterschiedliche: Manche Götter waren sanft und ruhig, andere wild und furchterregend. Jeder war mit einem bestimmten Tier oder Vogel verbunden. Meist wurden sie mit dem entsprechenden Tierkopf abgebildet, damit man sie leicht erkannte.

Wer waren die wichtigsten Gottheiten?

Isis, Osiris und der Sonnengott Re gehörten sicher zu den bekanntesten. Die Menschen glaubten, dass Isis und Osiris einst als Königspaar über Ägypten regiert hatten.

Im Neuen Reich war Amun der Götterkönig.

Der Totengott Anubis war durch seinen Schakalkopf gekennzeichnet.

Thoeris, ein weibliches Nilpferd, kümmerte sich um schwangere Frauen und Babys.

Thoth mit dem Ibiskopf (ein Vogel) war der Gott der Weisheit und der Schrift.

Osiris, Sohn von Geb und Nut, herrschte über das Totenreich.

Bastet war eine Göttin, die als Katze dargestellt wurde.

Der Himmelsgott Horus war der Sohn von Isis und Osiris.

Ma'at ist die Göttin der Wahrheit und Gerechtigkeit.

Der Erdgott Geb wird hier liegend gezeigt.

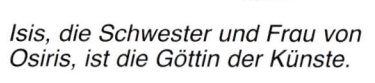

Hier ist Re, der Sonnengott, mit einem Vogelkopf abgebildet.

Isis, die Schwester und Frau von Osiris, ist die Göttin der Künste.

Welcher Gott war am beliebtesten?

Vielleicht der Zwerg Bes, weil er so lustig war. Er machte seine Witze mit den anderen Göttern und behütete Häuser und Kinder.

Gab es Geschichten über die Götter?

Ja, hunderte. Götter und Göttinnen waren verwandt oder miteinander verheiratet. Ihr abenteuerliches Dasein war voll von Kämpfen und Streitigkeiten. Lies die nächste Seite ...

Nach Vorstellung der alten Ägypter hatte der mächtige Sonnengott Re das ganze Universum geschaffen. Um ihn rankten sich viele Geschichten. Die folgende Sage erzählt, wie er beinahe die ganze Menschheit zerstört hätte, sie am Schluss aber doch retten konnte:

Die Löwin und der Rote Fluss

Schon immer hatten die Menschen großen Respekt vor Re. Sie fürchteten ihn, denn er war der gewaltigste aller Götter. Doch irgendwann glaubten sie, dass auch Re alt geworden sein müsste. Und ein alter Gott – war der nicht schwach und nutzlos?

Manche Leute beteten ihn einfach nicht mehr an. Andere dagegen planten sogar ihn ganz zu stürzen. Als der Sonnengott von diesen Vorgängen hörte, wurde er sehr wütend. Sofort schickte er Hathor, die Göttin der Schönheit, auf die Erde. Sie sollte jeden einzelnen Menschen töten, der den Sonnengott nicht mehr verehrte.

Hathor kam also in Gestalt einer Löwin auf die Erde. Furchterregend waren ihre Krallen, ihr mächtiger Rachen und ihre scharfen Fangzähne. Wie Re es ihr befohlen hatte, machte sie sich gleich daran, alle seine Feinde zu töten. Das Blut schmeckte ihr. Immer gieriger wurde sie danach. So jagte und tötete sie bald alle Menschen, die sie nur irgendwo finden konnte. Sogar die treuesten Anhänger des Sonnengottes waren vor ihrem Blutdurst nicht sicher.

Als Re dies sah, wusste er, dass er sofort etwas dagegen tun musste. Sonst wäre bald die gesamte Menschheit ausgerottet.

Während Hathor schlief, überflutete er ganz Ägypten mit einem sehr starken roten Bier. Als die Göttin erwachte, sah sie all das rote Bier und hielt es für Menschenblut. Schon wieder war sie durstig. Aufgeregt und gierig begann sie es aufzulecken. Doch das Bier war verzaubert. Hathor wurde ganz ruhig und zufrieden, als sie es trank. Bald war sie so glücklich, dass sie ihre Aufgabe vergaß und nicht länger nach Menschenblut lechzte. Sie kehrte mit einem ziemlichen Schädelbrummen nach Hause zurück.

Ab und zu ist das Wasser im Nil tatsächlich rostrot. Vielleicht gibt Re damit ein Zeichen, dass er immer noch sehr mächtig ist. Vielleicht kommt die Farbe aber auch einfach von dem roten Wüstenstaub, der manchmal aus der Sahara in den Fluss weht.
Wer weiß?

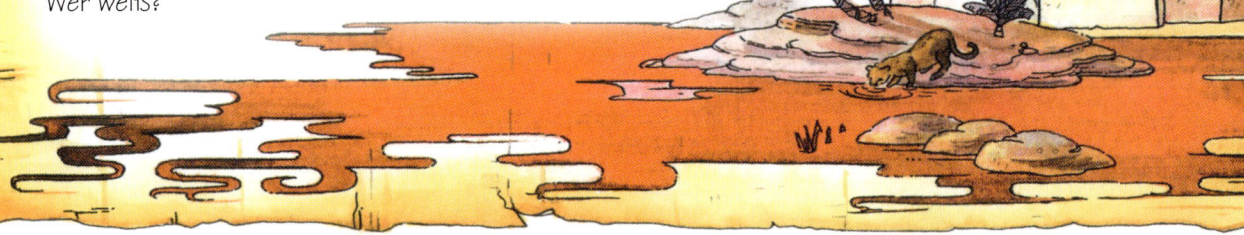

Wo wurden die Götter angebetet?

Manche waren Hausgöttern, die daheim in der Familie verehrt wurden. Wichtigere Götter hatten ihre eigenen Tempel.

Was geschah in den Tempeln?

Priester und Priesterinnen vollzogen spezielle Zeremonien vor den Statuen. Die Ägypter glaubten, dass die Gottheiten tatsächlich in den Figuren wohnten. Manchmal war der Pharao mit seiner Frau dabei, aber niemand sonst.

Gingen die Leute ins Tempelinnere?

Nein. Alle außer den Priestern mussten im Freien beten. Nur zu besonderen Anlässen wie einer Geburt durften sie den Tempel betreten. Bei Festen sahen sie trotzdem die Götterfiguren. Sie wurden auf goldenen Booten herumgetragen.

Die liegenden Figuren nennt man Sphinx. Sie haben die Körper von Löwen und die Köpfe von Böcken.

Die hohen, spitzigen Steinsäulen nennt man Obelisken. Sie sind Denkmäler für den Sonnengott.

Hier wird ein Fest für die Katzengöttin Bastet gefeiert. Sie war überall in Ägypten sehr beliebt.

Die Figur stellt die Katzengöttin Bastet dar.

Priester und Priesterinnen führen den Festzug an.

Die Rinder werden später geopfert.

Eine Priesterin spielt die Flöte.

Wie viele Tempel gab es im Land?

Wahrscheinlich tausende. Noch heute liegen an den Nilufern viele Ruinen.

Priester

Frühstück für den Gott

Singende und tanzende Priesterinnen

Wie sah der Gottesdienst aus?

Früh am Morgen weckten die Priester den Gott, wuschen die Statue, sprenkelten Parfüm darauf, kleideten sie an und gaben ihr Nahrung. Es gab Gebete, Musik und Tanz. Abends wurde die Statue zu Bett gebracht.

Die Ägypter glaubten, dass der Gott im Schrein wohnte.

Hier ein Tempel aus der Zeit des Neuen Reiches. Viele Gebäude liegen innerhalb der Tempelmauern: eine Bibliothek, eine Schule, Werkstätten verschiedener Handwerker und Künstler sowie ein Wohnhaus für die Priester.

Die Wände sind vollständig mit Bildern, Reliefs und Schriftzeichen verziert. Mehr zur Schrift der Ägypter findest du auf Seite 30 und 31.

Mehr zur Schrift der Ägypter findest du auf Seite 30 und 31.

Die Jungen würden sich gern alles aus der Nähe ansehen.

Der Hund hat Angst vor Katzen – besonders vor Katzengöttinnen!

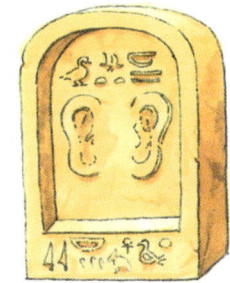

Ohren für die Götter

Manche Menschen stellten Reliefs mit einem großen Ohrenpaar darauf vor den Tempeln auf. Sie hofften, das würde den Gott dazu bringen, ihre Gebete zu erhören.

Glaubten sie an den Himmel?

Ja, sie nannten ihn die „Nächste Welt". Alle Toten wurden vom Gott Osiris gerichtet. Wenn sie im Leben gut gewesen waren, sollten sie für immer glücklich sein. Die Bösen dagegen wurden von einem gierigen, hungrigen Ungeheuer verschlungen.

27

Wie sahen die Städte aus?

Heiß, staubig, laut und voller Menschen. Sauber war es auch nicht gerade. Die Leute warfen ihre Abfälle einfach auf die Straßen.

Stank es dann nicht sehr?

Erstaunlicherweise nicht. Das Klima war so heiß, dass alles sehr schnell austrocknete. Dadurch hielt sich der Gestank in Grenzen.

Kannten sie schon Geld?

Geld benutzten die Ägypter erst etwa 1000 Jahre nach der Zeit des Pyramidenbaus. Bis dahin tauschten sie untereinander Dinge, die einen ähnlichen Wert hatten. Streit gab es manchmal, wenn sie sich nicht über den Wert einigen konnten.

Heute ist Markttag in der ägyptischen Stadt. Alle sind auf den Beinen.

Beim Wasserholen

Gab es schon Hochhäuser?

Nicht wie wir sie heute kennen. Doch das Bauland war so wertvoll, dass viele Stadthäuser hoch und eng waren – manchmal mit drei oder vier Etagen.

Das Schiff wird entladen.

Wo gingen die Leute einkaufen?

An den Marktständen in den Straßen. Dort bekam man alles von Obst und Gemüse bis zu Töpfen und Kochgefäßen. Auch Erfrischungen wie Bier wurden an durstige Kunden verkauft. Das Bier war damals sehr stark und viel dicker als heute, eher wie ein dünner Brei.

28

Gab es viele Verbrechen?

In den Städten fanden sich dunkle Gestalten wie Räuber und Mörder ein. Oft wurden auch gestohlene Sachen verkauft.

Siehst du den Mann, der sich duckt, um nicht nass zu werden?

Kamen Verbrecher ins Gefängnis?

Nein. Statt dessen wurden sie vor der Verhandlung oft in den Tempeln eingesperrt. Die Mauern waren zu hoch, um zu flüchten. Zur Strafe wurden Verbrecher verprügelt, aus dem Land verwiesen oder getötet.

Tempel

Auf dem Dach wird gerade Frühstück gekocht.

Hier ist wieder der störrische Esel von Seite 13.

Ordnungshüter

Es gab schon eine Art Polizei, Medjay genannt. Sie sorgte für Recht und Ordnung und jagte Verbrecher. Ihre großen Hunde halfen bei der Verfolgung. Siehst du den Dieb mit dem Fisch?

29

Konnten die Ägypter schreiben und lesen?

Ja. Sie gehörten zu den ersten Völkern, die eine Schrift erfanden. Doch nur wenige Leute beherrschten das Schreiben. Das waren ausgebildete Schreiber – ein eigener Beruf.

Wie sah ihre Schrift aus?

Wie Bilder oder Zeichen. Wir nennen sie Hieroglyphen und kennen über 700 Zeichen. Es gibt Hieroglyphen für einen einzigen Buchstaben, eine Silbe oder ein ganzes Wort.

Die Ägypter hatten kein Alphabet im heutigen Sinn. Doch Fachleute haben zum Spaß eines zusammengestellt. Sie verwenden darin die Hieroglyphen, die unseren Buchstaben am nächsten kommen.

Hieroglyphen von A bis Z

Hieroglyphen können von rechts nach links, von links nach rechts oder – wie auf dieser Wandmalerei – von oben nach unten geschrieben werden.

Mit dem Lesen beginnt man in der Richtung, auf die die Tier- oder Menschenköpfe zeigen. Das oben gezeigte Alphabet liest du also von links nach rechts – wie unsere heutige Schrift.

Die Gemälde wurden nach genauen Regeln entworfen. Menschen sehen immer so aus, als würden sie aus mehreren Winkeln gleichzeitig dargestellt.

Die Augen schauen streng geradeaus.

Brust und Schultern sieht man von vorne.

Gesichter und Beine dagegen sind immer im Profil (von der Seite) dargestellt.

Worauf schrieben sie?

Sie verwendeten Faserpapier (Papyrus) aus den Stängeln der Papyruspflanze und Tonscherben. Zum Schreiben gab es Pinsel und Griffel. Auch Wände wurden mit Schriftzeichen verziert.

Griffel

Papyrus

Tusche

Warum machten sie das?

Sie glaubten, die Schrift hätte besondere Zauberkräfte. Hieroglyph bedeutet auf Griechisch „Heiliges Schreiben". Die ägyptische Bezeichnung war „Worte der Götter".

Gingen ägyptische Kinder zur Schule?

Manche Jungen aus reichen Familien hatten Unterricht. Die meisten Jungen arbeiteten aber auf den Feldern oder lernten ein Handwerk, sobald sie alt genug waren. Mädchen halfen meist den Müttern im Haus. Einige lernten auch einen Beruf.

Jungen in der Tempelschule

Zum Üben schreiben sie auf Tonscherben. Papyrus ist zu teuer.

Ein Schreiber unterrichtet die Jungen.

Was für Berufe gab es?

Viele Ägypter waren Bauern. Daneben gab es Handwerker und Künstler, darunter auch Frauen. Mutige Jungen wurden Soldaten. Die besten Berufe waren Schreiber, Verwaltungsbeamter, Priester und Arzt. Das Geschick der ägyptischen Ärzte war weit über das Land hinaus bekannt.

Dienerin

Papyrusmacher

Klagefrau

Handwerker bei der Lederverarbeitung

Zimmermann

Steinmetz beim Herstellen einer Urne

Schreiber

Musikerin

Priesterin

Weberin

Parfümmacherin

Tänzerin

Töpfer

Arzt

Bildhauer

Soldat

Schreibe deinen Namen in Hieroglyphen

Mit den Schriftzeichen von Seite 30 kannst du deinen eigenen Namen schreiben. Die Namen der Pharaonen standen meist in ovalen Rahmen. Die Aussprache hatte komplizierte Regeln. Erkennst du auf dem Bild eine der Hieroglyphen?

Namenszug des Pharaos Meryre in Hieroglyphen

31

Register

Antworten

Seite 19:
Im Bild sind noch acht Personen versteckt, die Duftkegel tragen.
Seite 20:
Die Zeichen stellen ein Schiff mit gehisstem und eines mit eingerolltem Segel dar.

© 1995 Usborne Publishing Ltd.,
83-85 Saffron Hill
London EC1N 8RT
Historische Beratung: Anne Millard und
Phil Roxbee Cox
Gestaltung: Vicki Groombridge und
Diane Thistlethwaite
© Copyright der deutschsprachigen
Ausgabe: gondolino in der
Gondrom Verlag GmbH, Bindlach 2002

Covergestaltung: Constanze Ordnung
Übersetzung: Monika Krumbach,
Nürnberg

ISBN 3-8112-1985-5